हमारी धरोहर

(देवनवन शिवधाम)

लेखक शिवशंकर दास उर्फ मन्नू रिस्की
शोधार्थी (राजनीति विज्ञान) BNMU
MADHEPURA

Copyright © Shivshankar Das / शिवशंकर दास
All Rights Reserved.

पिछड़े इलाके और शिव

देश भर में जिस तरह महाकालेश्वर, ओंकारेश्वर, बद्री-केदारनाथ, बैजनाथ धाम, विश्वनाथ धाम, विशेश्वर और अमरनाथ के मंदिर हैं, उसी तरह भूतेश्वर मंदिर भी है। यह प्राचीन समय में कोसी नदी के तट पर देवनवन में बना था, जो वर्तमान में सहरसा जिला के अंतर्गत हैं। 'शिव महापुराण' के दूसरे अध्याय में शिवलिंग महिमा का वर्णन करते हुए कहा गया है - "सूतजी बोले - हे मुनिवर ! गंगा जी के तट पर बसी हुई मुक्तिदायिनी काशी नगरी शिवजी की निवास भूमि है, जहां कृतिवासेश्वर नामक शिवलिंग है।

फिर कौशिकी (कोसी) नदी के तट पर भूतेश्वर नामक लिंग, गंडकी के किनारे बटुकेश्वर, फल्गु के किनारे पूरेस्वर नामक शिवलिंग है। इनके अलावा बैद्यनाथ धाम में जापेश्वर नामक शिवलिंग है।

जरा ध्यान दीजिए, कोशिकी अर्थात कोसी नदी के तट पर जिस भूतेश्वर लिंग का जिक्र हैं, वह सहरसा जिले के भूतेश्वर मन्दिर का शिवलिंग हैं।

यह महापुराण में वर्णित एक अति प्राचीन मन्दिर हैं, जिसका निर्माण द्वापर काल में राजा सालवाहन ने स्वप्न में संदेश मिलने के बाद किया था। यदि यह मंदिर मुख्य मार्ग से बहुत दूर, बिहार के एक भीतरी क्षेत्र में न होकर किसी सुन्दर-विकसित क्षेत्र में होता तो इसका प्रचार-प्रसार काशी के बाबा विश्वनाथ और देवघर के वैधनाथ जैसा ही हो गया होता।

{{{{आप सभी मृत्युंजय शिवभक्त में स्थित हो यही हमारी मनोकामना और हार्दिक भावना है।}}}}}

क्रम-सूची

क्रम-सूची

प्रस्तावना

★★★प्रार्थना-।★★★

देवाधिदेव हे महादेव! उपकार तुम ही से सबका है
पथ भटके त्रुटिवश यदि हम सब, मार्ग सही दिखला देना
मुक तुल्य प्राणी को भी प्रभु वाकपटुता सिखा देना
हम अनाथ तुम नाथ हमारे तुमसे ही अब जीवन है
धन, वैभव, बल, बुद्धि हो तुम प्रभु तुमसे ही जन जीवन है
परम शक्ति के स्वामी तुम हो स्वार्थ तुम ही से सबका है
देवाधिदेव हे महादेव! उपकार तुम ही से सबका है
बाधाएं निर्मूल करे हम, साहस हमको ऐसा दे
हर मुश्किल को जीत सके हम, मन में विजय भाव भर दे
लक्ष्य दुरूह कितना भी हो, कर्म उसे कभी डिगें नहीं
पुष्प प्राप्ति का भाव अटल हो, कांटों से कभी डरे नहीं
सृजन सकल हो मानस में,उत्साह हमेशा नभ सा है
देवाधिदेव हे महादेव! उपकार तुम्ही से सब का है।

●●●प्रार्थना-।।●●●

हे प्रभु मैं तुमसे मांगने आया हूं पर यह नहीं कि तू मेरा रास्ता आसान कर दे मैं मांगता हूं कि रास्ता भले ही मुश्किल हो मगर मुझे चलना आ जाए समस्याओं का बोझ भले ही कितना भी हो मुझे उनवॉच बैठाने की शक्ति देना मैं जानता हूं कि मेरे जीवन का उद्देश्य क्या है तुमने मेरे लिए जिससे कार्य को निर्धारित किया है उसको पूरा करने को मैं चल पड़ा हूं मैं मंजिल पर पहुंच भी जाऊंगा मगर पर हूं मेरा पहला कदम उठाने में मेरी सहायता कर साथ ही जब भी मैं अपने लक्ष्य को पटक जाऊं मुझे राह दिखाना मुझे मेरे लक्ष्य से भटकने मत देना मेरा सारा जीवन तुम्हारे द्वारा निर्धारित लक्ष्य को समर्पित रहे यही हमारी प्रार्थना हैहे प्रभु मैं तुमसे मांगने आया हूं पर यह नहीं कि तू मेरा रास्ता आसान

कर दे मैं मांगता हूं कि रास्ता भले ही मुश्किल हो मगर मुझे चलना आ जाए समस्याओं का बोझ भले ही कितना भी हो मुझे उनवॉच बैठाने की शक्ति देना मैं जानता हूं कि मेरे जीवन का उद्देश्य क्या है तुमने मेरे लिए जिसे कार्य को निर्धारित किया है उसको पूरा करने को मैं चल पड़ा हूं मैं मंजिल पर पहुंच भी जाऊंगा मगर पर हूं मेरा पहला कदम उठाने में मेरी सहायता कर साथ ही जब भी मैं अपने लक्ष्य को भटक जाऊं मुझे राह दिखाना मुझे मेरे लक्ष्य से भटकने मत देना मेरा सारा जीवन तुम्हारे द्वारा निर्धारित लक्ष्य को समर्पित रहे यही हमारी प्रार्थना है।

भूमिका

प्रथम संस्करण की भूमिका

हम और हमारे आराध्य भगवान शिव कितनी अनूठी पंक्ति हैं यह। इस पुस्तक के नीचे हम केवल अपने और अपने भक्तों या उपासकों की बात नहीं कर सकते और न ही हम सिर्फ अपने भगवान की बात कर सकते हैं, या फिर भगवान और भक्त दोनों के बीच के मनोहर संबंध को अपने भीतर संजोए हुए हैं। वैसे भी देखा जाए तो दोनों पक्ष अकेले-अकेले अधूरे ही हैं। भक्त भगवान के बिना कुछ नहीं, भगवान भक्त के बिना कुछ नहीं। इसीलिए सबसे महत्वपूर्ण पहलू तो इन दोनों के बीच का संबंध भी है। लेकिन यह सम्मान प्रगाढ़ कैसे हो भगवान शिव हमारे प्राण प्रिय हो जाए और हम उनके प्राण प्रिय बन जाए। यह सुंदर संजोग कैसे घटे? आप ही बताएं किसी से संबंध गाठने की पहली शर्त क्या होती है। उससे परिचित होना उसे समझना उसकी पहचान होना है ना? उसे भली-भांति जानकर ही उससे सुखद संबंध स्थापित होता है। अब प्रश्न उठता है कि हम भगवान शिव को कैसे देखें? बहुत से जिज्ञासु आज भगवान शिव के संबंध में यही सवाल करते हैं कि हम उन्हें प्राप्त कैसे करें। कई यह भी पूछते हैं कि उनका स्वरूप इतना अजीबो गरीब क्यों है, गले में सर्प और मुण्डन माला है। चेहरे पर तिल, तीन आंखें माथे पर चंद्रमा होने का क्या कारण हैं। इन सभी सवालों का जवाब शास्त्र ग्रंथों के आधार पर समय-समय पर मिलते रहते हैं। इन्हें पाकर उपासक शिव की भक्ति की ओर भी अधिक संख्या में अग्रसर हुए हैं। इसीलिए हमने सोचा क्यों न कल्याणकारी प्रणव को एक पुस्तक का आकार देकर जनमानस तक पहुंचाया जाए। इसी भावना के तहत हम आपके लिए यह छोटी सी पुस्तक लेकर आए हैं, जिसमें खासकर बिहार के अंतर्गत पड़ने वाले सहरसा जिला के नवहट्टा अंचल में भूतेश्वर सलवाहनेश्वर नामक देवनवन शिव मन्दिर का जिक्र है। जो पुराणों के दूसरे अध्याय में वर्णित हैं।

पावती (स्वीकृति)

संसार में जितने भी मनुष्य का अवतार हुआ है सभी के ऊपर किसी न किसी प्रकार का ऋण यव साधारण शब्द में कहा जाय तो जिम्मेदारी होता हैं। इसलिए किसी भी व्यक्ति के कार्यों में अनंत लोगों का योगदान रोता रहा है। इसमें कुछ लोगों का नाम उल्लेखनीय हैं। सर्वप्रथम हमारी धरोहर नामक पुस्तक की आधारभूत समझ विकसित करने वाले मेरे पिताजी श्री सत्यनारायण दास का मैं आजीवन आभारी रहूंगा, जिससे मैं आज भी मार्गदर्शन प्राप्त करता रहता हूँ।

माता पिता के आशीर्वाद के बिना कोई भी कार्य संभव नहीं है। इसके अतिरिक्त दैनिक हिंदुस्तान के ब्यूरो प्रभारी नीरज सिंह, राजनीतिक विज्ञान के विभागाध्यक्ष राजकुमार सिंह जी का योगदान उल्लेखनीय है, जिन्होंने मुझे अपने कार्यों से मुक्त रखते हुए हौसला दिया। मैं अपनी पत्नी निशा उर्फ लाडली रिस्की के सहयोग के लिए आभारी हूं, जिन्होंने मुझे घरेलू दायित्व से मुक्त रखा तथा अपने बड़े भाई संतोष आनंद उर्फ नाथो के सहयोग और स्नेह ने यह कार्य ज्यादा आसान बना दिया।

मेरे कई मित्र का योगदान सराहनीय है, जिन्होंने सदैव नवीन विचारों एवं मौलिक चिंतन के लिए प्रेरित किया। खासकर समाज के बुजुर्ग के बिना यह कार्य संभव नहीं था जिन्होंने पुस्तक लेखन में अपना बहुमूल्य समय निकालकर बरसों बीती घटना से अवगत कराया।

अंततः उन हजारों बड़े बुजुर्ग सहपाठी और छोटे भाई का आभार व्यक्त करता हूं, जिन्होंने विचार विमर्श के द्वारा सदैव सही और सैकड़ों वर्ष पहले घटी घटना को जानने में मेरी सहायता की। पुस्तक को अन्तिम रूप देने में सहयोग करने वाले मित्र गोविन्द पण्डित एवं अमित कुशवाहा का विशेष आभार।

आमुख

■■■◆अपील◆■■■

धार्मिक स्थल किसी भी गांव/समाज का मुकुट (ताज) होती है जो अपने बदौलत गांव शहर के नाम को विश्व स्तर पर लाकर खड़ा करते हैं। इतना ही नहीं किसी अशुभ अवसर पर प्रकृतिक आपदा विदा और अशुभ घड़ी के कारण को भगवान संहार करते हैं और अपने भक्तों की सदैव रक्षा करते हैं।

? कोशी कमिश्नरी के सहरसा जिला अंतर्गत नवहट्टा प्रखण्ड के शाहपुर गांव के पूर्वी कोसी तटबन्ध पर अवस्थित प्राचीन शिव मंदिर के महाकाव्य और चमत्कारों को देखकर यहां के लोगों में यह कामना जगी है कि 300 साल पहले बने सालवाहनेश्वर नाथ महादेव मन्दिर के जैसी ही देवनवन मन्दिर का विस्तरित हो। और पुराणों मैं वर्णित शिव मंदिर पुनः नया रूप प्राप्त करें, यह हजारों लाखों लोगों की आकांक्षा है।

मंदिर निर्माण मैं अनेकों महत्वपूर्ण पदस्थ व्यक्ति अपना सहयोग देने के लिए प्रस्तुत है अब जरूरत है सिर्फ एक नए संकल्प की और एक विराट स्वप्न को साकार करने के लिए लग्न की। इसी उद्देश्य हमने ★हमारी धरोहर★ देवनवन शिवधाम नामक पुस्तक के माध्यम से आपलोगों के समक्ष बीती बातों को रखा हैं। ताकि एक पुण्य क्षेत्र पुनः अस्तित्व में आए और इस बार कोई आपदा बीपदा उसे मिटा नहीं पाए साथ ही यह मंदिर हमारे देश में सांप्रदायिक सौहार्द का भी एक उदाहरण बने कामना करता हूँ।

1

• 2 •

आभार

संसार में जितने भी मनुष्य का अवतार हुआ है सभी के ऊपर किसी न किसी प्रकार का ऋण यव साधारण शब्द में कहा जाय तो जिम्मेदारी होता हैं। इसलिए किसी भी व्यक्ति के कार्यों में अनंत लोगों का योगदान रोता रहा है। इसमें कुछ लोगों का नाम उल्लेखनीय हैं। सर्वप्रथम हमारी धरोहर नामक पुस्तक की आधारभूत समझ विकसित करने वाले मेरे पिताजी श्री सत्यनारायण दास का मैं आजीवन आभारी रहूंगा, जिससे मैं आज भी मार्गदर्शन प्राप्त करता रहता हूँ।

माता पिता के आशीर्वाद के बिना कोई भी कार्य संभव नहीं है। इसके अतिरिक्त दैनिक हिंदुस्तान के ब्यूरो प्रभारी नीरज सिंह, राजनीतिक विज्ञान के विभागाध्यक्ष राजकुमार सिंह जी का योगदान उल्लेखनीय है, जिन्होंने मुझे अपने कार्यों से मुक्त रखते हुए हौसला दिया। मैं अपनी पत्नी निशा उर्फ लाडली रिस्की के सहयोग के लिए आभारी हूं, जिन्होंने मुझे घरेलू दायित्व से मुक्त रखा तथा अपने बड़े भाई संतोष आनंद उर्फ नाथो के सहयोग और स्नेह ने यह कार्य ज्यादा आसान बना दिया।

मेरे कई मित्र का योगदान सराहनीय है, जिन्होंने सदैव नवीन विचारों एवं मौलिक चिंतन के लिए प्रेरित किया। खासकर समाज के बुजुर्ग के बिना यह कार्य संभव नहीं था जिन्होंने पुस्तक लेखन में अपना बहुमूल्य समय निकालकर बरसों बीती घटना से अवगत कराया।

अंततः उन हजारों बड़े बुजुर्ग सहपाठी और छोटे भाई का आभार व्यक्त करता हूं, जिन्होंने विचार विमर्श के द्वारा सदैव सही और सैकड़ों वर्ष पहले घटी घटना को जानने में मेरी सहायता की। पुस्तक को अन्तिम रूप देने में सहयोग करने वाले मित्र गोविन्द पण्डितएवं अमित कुशवाहाका विशेष आभार।

ईश्वर प्राप्ति का रास्ता

ईश्वर प्राप्ति का रास्ता एक है जैसे भोजन करने का रास्ता एक है मुंह रूप निरीक्षण करने का रास्ता एक है आंख शब्द श्रवण करने का रास्ता एक है। जो लोग यह कहते हैं कि ईश्वर तक जाने के अनेक रास्ते हैं वह भूल गए हैं, जानते नहीं है वैदिक, बोधि, ईसाई, हिन्दू और मुसलमान कोई भी हो सबके भोजन का रास्ता एक है इसलिए ईश्वर पाने का सब का रास्ता एक है। और वह रास्ता है अपने मन का, अपने दिल का अपने अंदर का.......

[ईश्वर] जिसमें में अलौकिक वस्तु देने की सामर्थ हो तथा जिनमें दिव्य गुण हो वह ईश्वर है।

मन्दिर और पुजारी

अब मन्दिर निर्माण के बाद वहां पुजारी की आवश्यकता थी। इसके लिए सभी लोग शिवालय में रहने वाले पुजारी की खोजने लगे।

राजा शल्य को इसका तलाश तो था ही कि इतने में किसी ने।

राजा शल्य से महिषी प्रखण्ड स्थित सूर्य मन्दिर कन्दाहा में एक शिवभक्त होने की बात कहीं।

लेकिन राजा के सिपाहियों द्वारा अपने दरबार में बुलाने पर भी जब घना झा नाम का पण्डित नहीं गया तो पूरे क्षेत्र में हाहाकार मच गया। लोग उस पंडित को राजा की बात का अवहेलना करने के बाद अलग नज़रों से देखने लगा। पण्डित की माँ रोने बिलखने लगी कि अब क्या होगा मेरे बेटे के साथ कि इतने में राजा शल्य अपने सिपाहियों के साथ हाथी पर सवार होकर सूर्य मन्दिर कन्दाहा पण्डित के निवास अस्थल पर पहुंचे और मन्दिर से जुड़े सारी घटनाओं की जानकारी पण्डित को दिया। तब जाकर पण्डित घना झा मन्दिर की देख-रेख के लिए चल पड़े।

पण्डित नारायण झा कहते है कि कन्दाहा निवासी पण्डित घना झा के पिताजी भगवान शिव के पुजारी थे एक दिन उन्होंने अपने पुत्र घना को अपने घर से भगवान शिव के लिए घी चढ़ावा के लिए मन्दिर भेजा था। जिसके बाद वापस आकर उन्होंने अपनी माँ से भूख लगने पर खाने की मांग करने लगे उसकी मां उसे नमक और चावल खाने को दिया तब उस समय यही कोई 12-13 साल का वह बच्चा घना अपने माता से थाली में घी देने की हट करने लगा। उसके लाख जिद करने पर भी उसकी माँ उसे घी देने से इनकार कर दिया। वह खाने लगे इतने में उस बच्चे ने अपने माँ को कहने लगा कि माँ तुम घी दे दी थी और हमको झूठ बोल रही थी। उसकी मां यह सब घटना देखकर दंग रह गयी और सारी बात अपने पति को बतलाई। पति जो शिव भक्त थे ही यह बात सुनते ही उसे ★शिवअंश★ कह कर अपने घर से दूर कर दिया। जिसके बाद से वे सूर्य मन्दिर की देख-रेख करने लगे। और बाद में राजा शल्य के कहने पर आपरूपी बाबा महादेव शलवाहनेश्वर नाथ धाम की देख रेख करने लगे।

और तब से सब तक देवनवन मन्दिर की देख-रेख में पण्डित घना झा का 9वाँ पीढ़ी लगा हुआ हैं।

ईश्वर दिखाई क्यों नहीं देते

देवगन सामान्य दृष्टि से नहीं दिखाई देते देवताओं को देखने के लिए दिव्य दृष्टि की आवश्यकता पड़ती है महाभारत के महान धनुधर अर्जुन के मित्र मानव रूप में भगवान श्रीकृष्ण सदैव उसके साथ रहते थे किंतु उनके देवरूप को देखने के लिए यथार्थ विराट रूप देखने के लिए जब उन्हें अर्जुन को दिव्य दृष्टि दिया तब वे भगवान श्री कृष्ण के विराट स्वरूप को देख सके।

इसलिए यह मानना उचित होगा कि जो देवताओं के स्वरूप को देखने के अधिकारी होते हैं उन्हें ही ईश्वर दिखाई देते हैं।

◆◆◆आत्म शक्ति◆◆◆

आत्मा की शक्ति को पहचानना है आत्मज्ञान है आत्मा ऐसी चीज है जो बैठी बैठी ही दुनिया को हिला सकती हैं। आत्मा ही परमात्मा हैं।

देवनवन शिव मंदिर की वास्तविक कहानी

देवनवन शिव मन्दिर बिहार राज्य के सहरसा जिले अंतर्गत नवहट्टा अंचल के शाहपुर पंचायत स्थित पूर्वी कोसी तटबंध के 80.5 स्पर के निकट अवस्थित था। जो अब 79.5 स्पर के निकट अवस्थित हैं। शाहपुर-मझौल, कुम्हरौली, एकाढ़, मोहम्मदपुर, मोहनपुर, असय, कैदली, हेमपुर, ब्रह्मपुर, गोड़पारा, मुरादपुर, चन्द्रायण, सरोनी और बलुआहा ये सभी देवनवन शिव मन्दिर के आसपास के इलाके हैं।

यहीं पर करीब 300 वर्ष पहले भूतेश्वर शालवाहनेश्वर नाम का एक प्राचीन शिव मंदिर था।

पूर्वजों के अनुसार~ जहां भूतेश्वर सालवाहनेश्वर नामक यह शिवमन्दिर था। कभी वहां बहुत विशाल जंगल हुआ करता था जिसमें इंसान तो क्या परिंदा भी जाने से डरते थे वही कभी शाहपुर पंचायत के मझौल गांव निवासी मोहम्मदी दादा नाम के एक रखवाले जंगल के इर्द-गिर्द होने वाले फसल की रखवाली करता था।

कहा जाता हैं मोहम्मदी दादा भगवान शिव से साक्षात आमने सामने दर्शन और बात चीत किया करते थे। लेकिन इस बात को यहां के स्थानीय लोग उतना उचित नहीं नहीं समझा और न ही मोहम्मदी दादा किसी को समझाने का प्रयास किया। इसी बीच यहां के स्थानीय चरवाहों को इसकी भनक लगने लगी और जैसे ही दिन बीतते गया वैसे ही नए नए कारनामे गांव वाले को सुनने को मिलने लगी। और धीरे-धीरे गांव वाले इसके ओर आकर्षित होने लगे। कहा जाता है कि दर्जनों चरवाहे जो उस समय उस जंगल में अपने मवेशी के चारा के लिए जाया करते थे की अचानक से एक दिन स्व० अनंदी मरर के परदादा नेवालाल मरर की एक काले रंग की कुमारी गाय एक वृक्ष के निकट प्रत्येक दिन दूध देने लगती थी। इसकी जानकारी मिलते ही ग्वालों ने एक दूसरे को बताया। कानो कान यह बात पूरे कोसी क्षेत्र में फेल गई। लोग उस घने जंगल मे यह चमत्कार देखने के लिए हिम्मत जुटाने लगे। लोगों के जुबान पर यह अचंभित घटना का चर्चा बना हुआ था। इतने में एक दिन ग्वाले नेवालल

मरर को भगवान स्वप्न में आया और जिस वृक्ष के निकट कुमारी गाय दूध देने लगती थी वही होने की बात कही। उस ग्वाले ने न आव देखा न ताव देखा और अपने कुछ साथियों के साथ उस जगह को खोदने के लिए चले गए। और वहाँ जाकर कुदाल से उस जगह को खोदने लगा। खोदते-खोदते एक काले रंग के पत्थर का पता चला लेकिन ज्यो ही उसे बाहर निकालने का प्रयास किया जा रहा था त्यों ही वह जमीन के अन्दर घसे जा रहे थे। इससे गुस्सा होकर उस ग्वाले ने उस काले रंग के पत्थर पर जोड़ से एक कुदाल मार दिया। ऐसा करते ही उस पत्थर से खून की धारा बहने लगी और लोग हैरान परेशान हो गए। और लाखों मिन्नतें करने लगी और इस सारी घटना की जानकारी तत्कालीन राजा सालवाहन को दी गई। यह बात सुनकर राजा सालवाहन भी आश्चर्यचकित हो उठा। ततपश्चात इस बात को गंभीरता पूर्वक लेते हुए उन्होंने जंगल की साफ सफाई करवाने लगे और उस आपरूपी पत्थर को पाया।

बड़े बड़े इंजीनियर और वैज्ञानिक से शोध के बाद पता चला कि उस जंगल मे मिले वह पत्थर आप रूपी बाबा महादेव का लिंग (शिवलिंग) है। इतना ही नहीं इस दौरान शिवलिंग के निकट एक वृक्ष पाया जिसे काटने पर खून की धारा बहने लगती थी। और उससे प्रभावित होकर राजा शल्य ने वहां मंदिर बनवाने का निर्णय ले लिया। और कुछ ही समय में अनगिनत खर्च करने के बाद भगवान शिव का विशाल मंदिर का निर्माण कराया।

इस दौरान लोग घने जंगल मे शिवलिंग होने से भूतेश्वर, राजा शलवाहन के द्वारा निर्माण के कारण शलवाहनेश्वर और नाग की वशेरा के कारण नागेश्वर जैसे कई नामों से भगवान शिव को जानने लगे। जहाँ बिहार के अलग-अलग जिले के साथ-साथ पड़ोसी देश नेपाल के शिव भक्त यहां आकर पूजा पाठ करने लगे और मन्नतें मांगने लगी। जानकरों के अनुसार यहां पर मांगी गई मन्नते लोगों को पूरी हो जाती थी और इसका एक प्रमाण यह भी था कि राजा शल्य को भी मन्दिर बनवाने के बाद ही पुत्र की प्राप्ती हुई जिसका नाम जिमतवाहन रखा गया।

उन्हीं के याद में आज भी पूरे प्रदेश में जितिया नामक एक प्रसिद्ध त्यौहार मनाया जाता हैं। इस स्थान का विवरण श्री पुराण में पाया जाता

है।

हिन्दू मंदिर की रचना और उसका स्वरूप

हिन्दू मंदिर की रचना लगभग 10 हजार वर्ष पूर्व हुई थी। उस काल में वैदिक ऋषि जंगल के अपने आश्रमों में ध्यान, प्रार्थना और यज्ञ करते थे। हालांकि लोकजीवन में मंदिरों का महत्व उतना नहीं था जितना आत्मचिंतन, मनन और शास्त्रार्थ का था। फिर भी आम जनता शिव और पार्वती के अलावा नगर, ग्राम और स्थान के देवी-देवताओं की प्रार्थना करते थे। देश में सबसे प्राचीन शक्तिपीठों और ज्योतिर्लिंगों को माना जाता है। प्राचीनकाल में यक्ष, नाग, शिव, दुर्गा, भैरव, इंद्र और विष्णु की पूजा और प्रार्थना का प्रचलन था। रामायण काल में मंदिर होते थे इसके प्रमाण हैं। राम का काल आज से 7 हजार 200 वर्ष पूर्व था अर्थात 5114 ईस्वी पूर्व।

हिन्दू मंदिरों को खासकर बौद्ध, चाणक्य और गुप्तकाल में भव्यता प्रदान की जाने लगी और जो प्राचीन मंदिर थे उनका पुन: निर्माण किया गया। ये सभी मंदिर ज्योतिष, वास्तु और धर्म के नियमों को ध्यान में रखकर बनाए गए थे। अधिकतर मंदिर कर्क रेखा या नक्षत्रों के ठीक ऊपर बनाए गए थे। उनमें से भी एक ही काल में बनाए गए सभी मंदिर एक-दूसरे से जुड़े हुए थे। प्राचीन मंदिर ऊर्जा और प्रार्थना के केंद्र था। लेकिन आज के समय में मंदिर पूजा-आरती का केंद्र हैं।

मन्दिर में नाग देवता

देवनवन का यह शिव मन्दिर घने जंगल मे रहने के कारण भूतेश्वर, नागेश्वर और राजा शल्य के निर्माण के बाद सालवाहनेश्वर के नाम से प्रसिद्ध हुआ।

पण्डित शिवजी झा कहते है। - मंदिर परिसर में एक नाग और नागिन रहता था जो मंदिर के आसपास परिक्रमा करते रहते थे पर किसी को कोई नुकसान नहीं पहुँचता था।

कोसी नदी अपने बाढ़ व कटाव के लिए प्रसिद्ध है। नदी का 500 मीटर चौड़ा पाठ बाढ़ आने पर 12 किलोमीटर तक जल से भर जाता है। कोसी बांध नेपाल से लेकर कोपरिया सहरसा तक पूरे एक सौ किलोमीटर का है। यह एक कच्चा बांध है 150 फीट चौड़ा और करीब 20 फीट ऊंचा हैं। इसे 1957 से 1962 के बीच बनाया गया था। कोसी नदी मैं पूर्वी कोसी तटबंध बनने के कुछ साल बाद से प्रत्येक वर्ष बाढ़ के समय बाढ़ के पानी से इस विशाल प्राचीन शिवमन्दिर का पूरा इलाका जलमग्न हो जाता था। इस दौरान नाग देवता के निवास स्थान पर पानी होने के कारण धीरे-धीरे मन्दिर से दूर होने लगे। और अचानक एक दिन विलुप्त हो गए और उसका पता नहीं लग पाया।

प्राचीन शिव मन्दिर कोसी नदी में विलय

इस क्षेत्र की आबादी का मुख्य आजीविका खेती है जो बाढ़ में बराबर तबाह हो जाती है कच्चा बांध बनने से पहले इसका रूप बहुत विनाशकारी था बाढ़ का पानी पूर्णिया दरभंगा तक पहुंच जाता था बांध बन जाने के बाद मंदिर के आसपास का इलाका ज्यादा खतरे में आ गया 1 दिन बाढ़ का पानी अंतः मंदिर को निगल लिया कोसी नदी के तट पर स्थित प्राचीन शिव मंदिर जो वर्षों से लोगों का आस्था का केंद्र था 13 सितंबर 1996 की भयंकर बाढ़ और कटाव चपेट में आ गए लाखों लोगों की मनोकामना पूर्ण करने वाला यह प्राचीन शिव मंदिर एक पल में विलीन हो गया शिव मंदिर के अलावा राधा कृष्ण मंदिर आदि भवानी मंदिर हनुमान मंदिर पार्वती मंदिर भैरव मंदिर नंदी मंदिर तथा यज्ञशाला और धर्मशाला केक रमणी और कुआं भी साथ में एक दम से विलीन हो गए। इससे इस क्षेत्र के लोगों का सबसे बड़ी धार्मिक क्षति हुई जिससे लोगों का मन टूट गया और सभी भक्तगण निराश हो गए।

मेरे पिताजी श्री सत्यनारायण दास भगवान शिव के सबसे प्रिय उपासक रहे हैं उनके अनुसार कोसी नदी के पेट मे मन्दिर का चले जाने की वाक्य याद आते ही आत्मा कल्पने लगता हैं। मन्दिर कोसी नदी में मंदिर विलीन होने के बाद गांव के लोग कई दिनों तक खाना पीना छोड़ दिया था। मन्दिर के तत्कालीन पुजारी शिवजी बाबा कई महीनों तक रोते बिलखते रहे।

तब जाकर नए मन्दिर के निर्माण की रणनीति बनाई गई।

मन्दिर का पुनर्निर्माण

बात उस समय की है जय हो सन 1996 ई0 में सालवाहनेश्वर नाथ महादेव की मन्दिर कोसी नदी में पूरी तरह विलय हो गया था। जिसके बाद से तत्कालीन मन्दिर के पुजारी शिवजी झा बाबा का शारिरिक दिमागी हालात खराब होने लगी और भगवान के सभी भक्त भूखे प्यासे भगवान शिव का स्मरण कर रहे थे। भक्त हर समय कहा करते थे कि कहाँ गए बाबा, क्यों गए बाबा, अब हम कैसे रहेंगे, किसके पास रहेंगे, किसका पूजा करेंगे आदि... तरह-तरह की बातें बोलते रहते थे। न खाना, न सोना सभी भूल गए थे और बाबा लौट आएंगे इस आश में डूबे रहते थे। वहाँ के लोग मन्दिर निर्माण कैसे हो ये सोच ही रहे थे कि इसी दौरान स्थानीय पदाधिकारी टी एन लाल दास मन्दिर निर्माण का निर्णय ले चुका था। जानकारी के अनुसार उस अधिकारी को भगवान सालवाहनेश्वर नाथ महादेव स्वयं स्वप्न में आया और मन्दिर निर्माण करवाने की बात कही।

तत्पश्चात यहां के डी एम टी एन लाल दास प्रशासनिक और सामाजिक लोगों से मिलकर पुनः नई मंदिर निर्माण को लेकर जगह ढूंढने लगा। काफी मशक्कत और परेशानियों के बाद घने वन के समीप झोपड़ी नुमा घर में बने ठाकुरबाड़ी परिसर में मन्दिर निर्माण का निर्णय लिया। और उस घने वन में मन्दिर का निर्माण कराया तब से इस मन्दिर का नाम देवनवन के नाम से प्रशिद्ध हो गया।

पुनः नाग का वसेरा

सन 1999 ई० में जब लोगों की आस्था नए मन्दिर से जुड़ गया और भगतजन पूजा पाठ में लीन होने लगे फिर एक दिन अचानक सुबह 3 बजे नाग देवता का दर्शन शिवभक्त को हुआ। तब से श्रद्धा और विश्वास से पूजा पाठ करने वाले दर्जनों शिव भक्त को उनका दर्शन होता रहा हैं। कहा जाता है कि नाग नागिन के अलावा इस मन्दिर के इर्दगिर्द सैकड़ो शर्प का वशेरा हैं। जो कई बार मन्दिर परिसर के भीतर शिवलिंग के निकट पाया गया। कई बार मन्दिर के पुजारी नारायण झा सांप काटने से जख्मी हो गए है जिसका उनके शरीर पर निशान भी हैं। हालांकि मन्दिर परिसर में सांप काटने के वावजूद आज तक किसी को कोई अनहोनी नहीं हुई हैं।

रोचक तथ्य

देवन वन मंदिर , नवहट्टा

नवहट्टा प्रखंड के शाहपुर-मंझौल में स्थित मंदिर में शिव लिंग की स्थापना की गई है। ऐसा कहा जाता है कि यह शिवलिंग 1009 में महाराजा शालिवाहन द्वारा स्थापित किया गया था। हिन्दू शालिभवन के पुत्र जिमतबहन के नाम के बाद जतिया नामक एक त्यौहार मनाते हैं। इस स्थान का विवरण श्री पुराण में पाया जाता है। देवनबन में स्थित प्राचीन मंदिर कोसी नदी में बह गया था । स्थानीय लोगों ने आसन्न क्षेत्र में एक नए मंदिर का निर्माण किया है।

?श्री उग्रतारा स्थान , महिषी

श्री उग्रतारा मंदिर सहरसा के महिषी प्रखंड के महिषी गांव में सहरसा स्टेशन के करीब 17 किलोमीटर दूर स्थित है। इस प्राचीन मंदिर में, भगवती तारा की मूर्ति बहुत पुरानी है और दूर-दूर से भक्तों को आकर्षित करती है। मुख्य देवता के दोनों तरफ, दो छोटे देवी देवता हैं जिन्हें लोगों द्वारा एकजटा और नील सरस्वती के रूप में पूजा की जाती है।

?मंडन भारती धाम , महिषी

"जहां तोता (शुक) और मैना शुद्ध संस्कृत में विचार कर रहे हैं कि -क्या वेद अनन्त हैं (यानी कोई सबूत नहीं चाहिए) या फिर अन्य ग्रंथों की सहायता से सिद्ध होना चाहिए और शिष्य गायन गा रहे हैं, वही मंडन मिश्र का निवास है। पं. मिश्र मीमांसा के तत्कालीन समय के उद्भट विद्वान कुमारिल भट्ट के छात्र थे। यह जगह सहरसा जिला के महिषी प्रखंड में स्थित है, जहां भारतीय दर्शन के दो दिग्गज बारह सौ साल पहले मिले थे ..ऐसा कहा जाता है कि शंकराचार्य और स्थानीय विद्वान मंडन मिश्र के बीच एक शास्त्रार्थ का आयोजन किया गया था। मंडन मिश्रा की पत्नी भारती, जो एक महान विदुषी भी थी, को शास्त्रार्थ के न्यायाधीश के रूप में नामित किया गया था।

?सूर्य मंदिर कन्दाहा, महिषी

कंदाहा गांव में सूर्य मंदिर एक महत्वपूर्ण धार्मिक और ऐतिहासिक स्थान है, जिसे भारत के पुरातत्व सर्वेक्षण द्वारा औरंगाबाद जिले के देव मंदिर में मान्यता प्राप्त है।कंदाहा सूर्य मंदिर, महिषी प्रखंड के पस्तवार पंचायत में स्थित है। यह सहरसा जिला मुख्यालय से करीब 16 किमी की दूरी पर है। श्री उग्रतारा स्थान महिषी जाने के मार्ग पर, यह लगभग 3 किमी उत्तर गोरहो घाट चौक से स्थित है।यहां सात घोड़े रथ पर सवार सूर्य भगवान की शानदार मूर्ति एक ग्रेनाइट स्लैब पर बनाई गई है। पवित्र मंदिर (गर्भ गृह) के द्वार पर, शिलालेख जो इतिहासकारों द्वारा लिखे गए हैं, पुष्टि करते हैं कि 14 वीं सदी में मिथिला पर शासन करने वाले कर्नाटक वंश के राजा नरसिंह देव की अवधि के दौरान इस सूर्य मंदिर का निर्माण किया गया था। ऐसा कहा जाता है कि कालापहद नामक एक क्रूर मुगल सम्राट ने मंदिर को नुकसान पहुंचाया था, हालांकि प्रसिद्ध संत कवि लक्ष्मीनाथ गोसाई द्वारा पुनर्निर्मित किया गया था।

?संत बाबा कारू खिरहरी मंदिर, महिषी

कोसी नदी के तट पर स्थित, संत बाबा कारू खिरहरी का एक मंदिर है, जिसे शिव-भक्ति के गुणों से गाय के लिए समर्पण के कारण देवत्व प्राप्त हुआ है। जीवन के सभी क्षेत्रों से लोग करूकारू खिरहरी बाबा को दूध की पेशकश करते हैं। यद्यपि महिषी गांव के पास यह मंदिर, महिषी प्रखंड कार्यालय से 2 किमी दूर, पूर्वी कोशी तटबंध के नदी के किनारे स्थित है। यह अशांत कोसी नदी के मुहाने पर स्थित है एवं हाल ही में बिहार सरकार ने करू खिरहारी मंदिर को एक प्रमुख पर्यटन स्थल के रूप में विकसित करने की घोषणा की है।

?चंडिका स्थान बिराटपुर, सोनबरसा

सोनबरसा प्रखंड का बिराटपुर गांव देवी चंडी के प्राचीन मंदिर के लिए प्रसिद्ध है। यह गांव महाभारत काल के राजा बिराट से भी जुड़ा हुआ है। निर्वासन के दौरान पांडवों ने यहां सालों तक समय व्यतीत किया था ।

तांत्रिक विद्वान और भक्त इस चंडी मंदिर को बहुत महत्व देते हैं, महिषी स्थित तारा मंदिर, धमारा घाट स्थित कात्यायनी मंदिर के साथ

यह मंदिर एक समभुज त्रिभुज बनाता है। नवरात्रि के दौरान दूरदराज के स्थानों से लोग गांव में शक्ति की देवी पूजा करने के लिए आते हैं।

?बाबाजी कुटी , बनगांव, सहरसा

बाबाजी कुटी का प्रसिद्ध स्थान सहरसा जिला मुख्यालय से लगभग 9 किलोमीटर पश्चिम में स्थित है। विशाल बरगद का पेड़ जिसके तहत लक्ष्मणनाथ गोसाई के अवशेषों को संरक्षित रखा गया है, यह सभी पंथ और धर्म के लोगों के लिए महान सम्मान का केन्द्र है।

नवहट्टा

यह एक पुराना गांव है, जो मुगलों के समय से महत्वपूर्ण है और वर्तमान में उसी नाम के प्रखंड का मुख्यालय है। गांव में 'शिव मंदिर' की ऊंचाई लगभग 80 फुट है। 1934 के भूकंप में क्षतिग्रस्त होने वाले मंदिर को श्रीनगर एस्टेट के राजा श्रीनिंद सिंह ने पुनर्निर्माण किया।

माधो सिंह की एक कब्र लगभग 50 फीट ऊंची है। माधो सिंह लाद्री घाट के युद्ध में शहीद हो गए थे।

?दुर्गा मंदिर, औकाही, सत्तर कटैया

यह गांव सत्तर कटैया प्रखंड में स्थित है। इसमें खुदाई के दौरान देवी दुर्गा की एक प्राचीन मूर्ति का पता चला है। एक किंवदंती के अनुसार, देवी माँ ने सोने लाल झा को सपने में एक विशेष जगह की खुदाई करने को कहा । यह मूर्ति उसी स्थान पर पाया गया था और बाद में मंदिर में स्थापित किया गया। भक्त यहाँ दूर दूर से आते हैं . हर साल महा अष्टमी पूजा के दिन यहाँ एक मेला आयोजित किया जाता है।

?रक्तकाली मंदिर, मत्स्यगंधा, सहरसा

सहरसा शहर में बंजर और दलदली जगह को क्षेत्र के एक मशहूर पर्यटन स्थल के रूप में विकसित किया गया है जिसे आमतौर पर मत्स्यगंधा मंदिर के नाम से जाना जाता है।

मंदिर की आंतरिक दीवारों पर उत्कीर्ण किये गए 64 देवताओं (64-योगिनी के रूप में जाना जाता है) के साथ रक्षा काली मंदिर का निर्माण और एक अंडाकार आकार का मंदिर, दूर-दूर स्थानों से भक्तों को आकर्षित करता है। बिहार सरकार ने इस जगह पर एक सुंदर पर्यटक परिसर स्थापित किया है।

शिव महापुराण' के अनुसार शिव ही ब्रह्मा हैं। वह बिना वस्त्र के होते हुए भी भक्तों को अपार संपत्ति देने वाले हैं। शमशान भूमि में निवास करते हुए भी तीनों लोकों के स्वामी हैं। योगीराज होते हुए भी अर्धनारीश्वर हैं। पार्वती से विवाहित होते हुए भी मदनजित हैं। छिपे हुए भी प्रकट हैं। अतुल रत्नों के स्वामी होते हुए भी भभूत लगाते हैं। वे इस संसार के संचालक हैं। वे ही भगवान शिव हैं। भगवान शिव तीनों लोकों से परे, निराकार, सब कुछ जानने वाले, तीनों गुणों के स्वामी तथा साक्षात ब्रम्हा हैं।

शिव सबकी उत्पत्ति का कारण होते हुए भी खुद अजन्मा हैं, स्तुति के योग्य हैं, प्रजाओं के पालक हैं, देवताओं के भी देवता और सम्पूर्ण जगत के पूजनीय हैं।

कोसी तटबंध एक परिचय और उसकी घटना

कोसी क्षेत्र में तटबंधों से सटे कुछ इलाक़े सुपौल, अररिया, सहरसा तो ऐसे हैं, जहां हर साल बाढ़ आती है। लाखों के जान-माल का नुक़सान होता है। बिहार में बाढ़ कब से आ रही है, कहना संभव नहीं है। लेकिन आज़ादी के बाद अब तक नौ बार बिहार ने बाढ़ का वह विकराल रूप देखा है। जिसकी कल्पना मात्र से ही रूह सिहर उठता है। भारत के आज़ाद होने के बाद पहली बार 1953-54 में बाढ़ को रोकने के लिए एक परियोजना शुरू की गई नाम दिया गया कोसी परियोजना। 1953 में तत्कालीन प्रधानमंत्री जवाहर लाल नेहरू द्वारा शुरू हुई। इस परियोजना के शिलान्यास के समय यह कहा गया था कि अगले 15 सालों में बिहार की बाढ़ की समस्या पर क़ाबू पा लिया जाएगा।

1955 में कोसी परियोजना का हुआ था शिलान्यास

बुद्धिजीवियों में राजद के प्रदेश महासचिव धानिकलाल मुखिया, झमेली दास, शिवनारायण प्रसाद गुप्ता, गुड्डू दास, प्रमोद गुप्ता, सहित अन्य लोग बताते है की देश के पहले राष्ट्रपति राजेंद्र प्रसाद ने साल 1955 में कोसी परियोजना के शिलान्यास कार्यक्रम के दौरान सुपौल के बैरिया गांव में सभा को संबोधित करते हुए कहा था कि "मेरी एक आंख कोसी पर रहेगी और दूसरी आंख बाक़ी हिन्दुस्तान पर। 1965 में लाल बहादुर शास्त्री ने कोसी बराज का उद्घाटन किया था। बैराज बना कर नेपाल से आने वाली सप्तकोशी के प्रवाहों को एक कर दिया गया और बिहार में तटबंध बनाकर नदियों को मोड़ दिया गया। परियोजना के तहत समूचे कोसी क्षेत्र में नहरों को बनाकर सिंचाई की व्यवस्था की गई। कटैया में एक पनबिजली केंद्र भी स्थापित हुआ। जिसकी क्षमता 19 मेगावॉट बिजली पैदा करने की है।

अब तक दो जगहों कमला बलान तथा झंझारपुर में तटबंध टूटे। प्रलयकारी बाढ़ के दौरान फारबिसगंज क्षेत्र में चारों ओर फैला बाढ़ का पानी।

66 वर्षों में बाढ़ आती रही लेकिन कोसी परियोजना धरातल पर नहीं उतर सकी

कोसी परियोजना जिन उद्देश्यों के साथ शुरू की गई थी। क्या वे उद्देश्य पूरे हुए पहला जवाब मिलेगा नहीं। कहां तो 15 साल के अंदर बिहार में बाढ़ रोक देने की बात कही गई थी। वहीं आज 66 साल बाद भी अररिया हर साल बाढ़ की विभीषिका झेल रहा है। बाढ़ तभी आ रही जब नदियों का जलस्तर बढ़ने से तेज़ बहाव में तटबंध टूटने लगते हैं।

कोशी के लिए अगस्त माह रहा है तांडव के लिए अनुकूल

आज़ादी के बाद अब तक नौ बार डायन कोशी ने अपना रूप दिखाया है पर सबसे ज्यादा अगस्त माह में कोशी ने तांडव मचाया है और इस बार भी लोगों के अंदर इस बात का डर सता रही है कि अगस्त तो अभी बांकी है।

2008 में कुसहा में बांध टूटने से मची थी तबाही

जानकार बुजुर्ग बताते हैं कि अगस्त 1963 में डलवा में पहली बार तटबंध टूटा था। फिर अक्तूबर 1968 में दरभंगा के जमालपुर में और अगस्त 1971 में सुपौल के भटनिया में तटबंध टूटे। सहरसा में तीन बार अगस्त 1980, सितंबर 1984 और अगस्त 1987 में बांध टूटे। जुलाई 1991 में भी नेपाल के जोगिनियां में कोसी का बांध टूट गया था। 2008 में फिर से कुसहा में बांध टूटा, जिसने भारी तबाही मचाई। इस बार अब तक दो जगहों पर कमला बलान तथा झंझारपुर में तटबंध टूटे हैं।

सन 1996 ई० में मन्दिर निर्माण में लोगों की भूमिका

करीब 30 लाख की लागत से देवनवन शिवमन्दिर का पुनर्निर्माण सन 1996 के शुक्ल पक्ष में सरस्वती परमहंस जी महाराज के द्वारा सम्पन्न कराया गया था। इसकी निर्माण में पूर्व में रहे वीडियो टी एन लाल दास जो अब डीएम बन चुका था। उनकी सबसे अहम भूमिका युवक होने के नाते धनिक लाल मुखिया और उनके दर्जनों सहयोगियों के रहा हैं। इसके अलावा स्थानीय लोगों ने भी बढ़ चढ़ कर इसमें भाग लिया। मुखिया घनश्याम साह, डोमन सिंह, आनंद किशोर मेहता, नारायण यादव, भूमेश्वर राय, बिरेन्द्र नारायण राय, नेवालाल दास, सोखी खलीफा सहित सैकड़ों लोगों ने तन मन और धन से सहयोग किया तब जाकर यह विशाल कार्य शम्पन्न हुआ।

पूर्वी कोसी तटबंध 1984 का दरार

1984 का वर्ष बाढ़ के लिहाज से बिहार में एक बुरा वर्ष था। राष्ट्रीय सन्दर्भ में जहाँ जुलाई मास में आतंकवादियों ने भाखड़ा नहरों को तोड़ दिया था वहीं बिहार में गंडक, बूढ़ी गंडक, कमला और महानन्दा के तटबन्ध बड़े पैमाने पर टूटे थे। कोसी का पूर्वी तटबन्ध यूँ तो 1979 से नवहट्टा के नीचे 81-83 किलोमीटर (बीरपुर से दूरी) के स्थान पर कोसी की मुख्य धारा के हमले झेल रहा था मगर इस वर्ष जून में नदी का पहला झटका 72-73 कि0 मी0 के बीच में लगा जिसे मरम्मत करके दुरुस्त कर दिया गया। जुलाई में नदी एक बार फिर 81-83 किलोमीटर के बीच में सक्रिय हुई मगर कटाव निरोधक कार्य करके तटबन्ध को सुरक्षित कर लिया गया। इस काम के पूरा होते न होते नदी अगस्त महीने में एक बार फिर 70-72 कि0मी0 के बीच में सक्रिय हुई। इस माह के शुरू में नदी तटबन्ध से लगभग एक कि0मी0 दूर थी मगर आखिरी सप्ताह में तटबन्ध के काफी पास आ गई और 71 कि0मी0 पर बने स्पर को पूरी तरह से काट दिया। अब हमला सीधे तटबन्ध पर था। एक ओर नदी तटबन्ध को काटने के लिए आतुर थी तो दूसरी तरफ बारिश ने मरम्मत की सारी कोशिशों पर लगाम कस रखी थी। तटबन्ध खुद तो जर्जर हालत में था ही मगर वहाँ तक पहुँचने के सारे रास्ते भी खस्ता हालत में थे। तटबन्ध के बचाव के लिए बड़ी मात्रा में बोल्डरों की जरूरत थी पर ट्रक इन्हें लेकर तटबन्ध तक पहुँच नहीं सकते थे।

बची-खुची कसर पूरी हो गई तब जब 4 सितम्बर 1984 से राज्य के अराजपत्रित कर्मचारी अनिश्चित कालीन हड़ताल पर चले गये जिसकी वजह से विभाग को अपने ओवरसियरों और ड्राइवरों की भी सेवायें नहीं मिल पा रही थीं। जगदीश पाण्डेय (भूतपूर्व चीफ इंजीनियर-जल संसाधन विभाग, बिहार सरकार) जो उस समय नवहट्टा में एक्जीक्यूटिव इंजीनियर के पद पर काम कर रहे थे, का कहना था कि, "...इस हड़ताल ने हम लोगों को बेहाथ का कर दिया। और किसी जगह कोई काम हो नहीं रहा था इसलिए सारे हड़तालियों की नजर कोसी बांध

पर थी और हड़ताली कर्मचारी नहीं चाहते थे कि यहाँ कोई काम हो। काम रोकने के लिए उन्होंने हर मुमकिन हथकण्डे अपनाये। हमारी तमाम कोशिशों के बावजूद 5 सितम्बर की रात को 9 बजे तटबन्ध जवाब दे गया। वास्तव में जुलाई में विभाग के उच्च-पदाधिकारी यहाँ तटबन्ध के निरीक्षण के लिए आये थे। उन्हें हम लोगों ने अपनी कठिनाई बताई थी कि तटबन्ध के कच्चा होने के कारण सामान ढुलाई में काफी मुश्किलों का सामना करना पड़ता है। अतः सुरक्षा की दृष्टि से तटबन्ध पर अगर पक्की सड़क नहीं बन पाती है तो कम से कम आठ इंच मोटी ईंट की सोलिंग ही कर दी जाय जिससे सामान किसी भी बिन्दु तक पहुँचाया जा सके मगर इस काम की स्वीकृति नहीं मिली। अगर आवागमन की सुविधा उपलब्ध रहती तो इस दुर्घटना को टाला जा सकता था।''

तटबंध टूटने की पहले से थी आशंका

कोसी का पूर्वी तटबन्ध खतरे में है इसकी आशंका जुलाई से व्यक्त की जा रही थी। आर्यावर्त (पटना) ने अपने 5 जुलाई 1984 के सम्पादकीय में लिखा कि, "...अभियंताओं के पदस्थापन और स्थानान्तरण में भी होने वाली तिकड़म के कारण कोसी तटबन्धों, विशेषकर पूर्वी तटबन्ध पर खतरा आसन्न रहता है। तटबन्ध के टूटने से आने वाली बाढ़ और उसके वेग से होने वाले नुकसान का इजहार अभी-अभी महानन्दा और गण्डक नदियाँ कर चुकी हैं। यदि दुर्भाग्य से कहीं कोसी नदी का तटबन्ध किसी स्थल पर टूटता है तो उसकी विनाशलीला का सहज ही अनुमान लगाया जा सकता है। इस समय भी कोसी के पूर्वी तटबन्ध पर कम से कम आधे दर्जन स्थल इतने संवेदनशील हैं कि यदि पर्याप्त चौकसी नहीं बरती गई तो कोई भी अप्रिय घटना किसी भी क्षण हो सकती है।"

तटबन्ध नाजुक हालत में है यह तो अगस्त के अन्त तक तय हो गया था। 3 सितम्बर को हेमपुर गाँव के निवासियों ने प्रशासन से बचाव के लिए गुहार लगाई और धीरे-धीरे यह गुहार आक्रोश में बदली तथा बाद में हंगामें की शक्ल में सामने आई। प्रशासन क्योंकि हंगामें और तोड़-फोड़ की भाषा अपेक्षाकृत आसानी से समझता है और तभी हरकत में आता है, इसलिये सहरसा के जिलाधिकारी और आरक्षी अधीक्षक 4 सितम्बर को स्थिति का जायजा लेने के लिए नवहट्टा गये। उसके बाद जिलाधिकारी बांध की सुरक्षा की व्यवस्था करने के बजाय पटना चले गये। प्रमंडलीय आयुक्त जिया लाल आर्य ने इस संभावित खतरे की सूचना लहटन चैधरी, तत्कालीन राजस्व मंत्री, को दी। नवहट्टा का यह इलाका उनके चुनाव क्षेत्र में पड़ता था। इन लोगों ने 5 सितम्बर को दिन में तटबन्ध का दौरा किया मगर तब तक तीन चौथाई तटबन्ध कट चुका था। जिलाधिकारी 6 सितम्बर को पटना से सहरसा लौटे और तब तक 75-78 कि0 मी0 के बीच कोसी का पूर्वी तटबन्ध साफ हो चुका था।

तटबन्ध टूट जाने के बाद यह बात उठी कि कोसी कन्ट्रोल बोर्ड ने अपनी 13 मार्च 1984 की एक मीटिंग में यह सिफारिश की थी कि

सहरसा जिले के लगभग 5 लाख लोगों की बाढ़ से रक्षा के लिए कोसी तटबन्ध की मरम्मत कर दी जाय और उसमें अपेक्षित सुधार किये जायें। इस काम के लिये बोर्ड ने 5 करोड़ रुपये की राशि आवंटित करने की सिफारिश भी की थी और चेतावनी के साथ कहा था कि इन कामों को तुरन्त पूरा कर लिया जाय। मगर 13 मार्च से 2 सितम्बर तक कुछ नहीं किया गया। इस लापरवाही के कारण कोसी का पूर्वी तटबन्ध 5 सितम्बर 1984 को सहरसा जिले के नवहट्टा प्रखण्ड में हेमपुर गाँव के पास, बीरपुर बराज से 75 कि0मी0 की दूरी पर टूटा था। जिस जगह तटबन्ध टूटा उसके ठीक सामने पड़ने वाले गाँव, नवहट्टा प्रखण्ड के केदली पुनर्वास, पुरषोत्तमपुर, गोरपाड़ा, नौलखा पुनर्वास तथा हेमपुर प्रायः नेस्त-नाबूद हो गये।

हेमपुर के पास कोसी के पूर्वी तटबंध में पड़ी दरार के कारण पानी का फैलाव।

तटबन्ध के टूटने से चार धाराएँ फूट कर निकलीं जो फिर हेमपुर से 17 किलोमीटर दक्षिण महिषी प्रखण्ड के तेघरा गाँव के पास इकट्ठी हुईं और इस प्रकार तेघरा प्रायः लापता हो गया। धीरे धीरे पानी सहरसा जिले के नवहट्टा, महिषी, सिमरी बख्तियारपुर, सोनबरसा, सलखुआ तथा कहरा प्रखण्डों में फैल गया। सुपौल अनुमण्डल के भी कुछ गाँव इस बाढ़ से प्रभावित हुये थे। नदी अब केवल तटबन्धों के भीतर ही नहीं थी, तटबन्धों के बाहर भी बह रही थी और केवल तटबन्ध की ही जमीन ऐसी थी कि जो पानी के ऊपर दिखाई पड़ती थी। इस विध्वंस के कारण हुये पानी के फैलाव को चित्रा 4.3 में दिखाया गया है। गनीमत इतनी ही थी कि इलाके के बाशिन्दों को यह पूर्वानुमान था कि तटबन्ध किसी भी समय टूट सकता है अतः मानसिक रूप से लोग अपने को परिस्थिति का सामना करने के लिए तैयार कर चुके थे परन्तु इस प्रकार के जल-प्लावन का मुकाबला करने के अभ्यस्त न होने के कारण लोगों को काफी परेशानियाँ हुईं क्योंकि यह क्षेत्र 1959 के बाद से बाढ़ से सुरक्षित था। तटबन्धों के अन्दर बसने वाले लोगों के लिए यह स्थिति अवश्य सुखद थी क्योंकि तटबन्धों के टूट जाने से तटबन्धों के अन्दर बाढ़ का दबाव कम हो गया था।

सुरक्षित स्थानों की तलाश में कुछ लोग सहरसा भागे तो कुछ लोगों ने दूर जाकर मानसी-सहरसा रेल लाइन की पटरियों को अपना आश्रय बनाया। कुछ लोग जो स्वयं अपने परिवारजनों के साथ कुछ घंटों के बाद वापस आने की उम्मीद लिए चले गये थे और पीछे सारा घर और खूँटे में बँधे मवेशी छोड़ गये थे, इन लोगों को अपने गाँव वापस आने में महीनों का समय लग गया और तब तक उनके मवेशी जहाँ खूँटे से बँधे ही पानी में घिर कर मारे गये और वहाँ सम्पत्ति और घर का कुछ भी नहीं बचा। अधिकांश लोग आश्रय के लिए पूर्वी तटबन्ध की ओर ही भागे जहाँ गाँव के गाँव बसे और इस तटबन्ध के अन्दर वाले भाग में मुख्य नदी तथा बाहर वाले भाग में तटबन्धों को तोड़ कर बहती हुई नदी थी। इस प्रकार जहाँ तक नजर जाये पानी ही पानी था और साथ ही बरसात की मार भी कम नहीं थी। तटबन्धों के शीर्ष पर लोगों के घर बने जो कि बाँस, फूस, साड़ी, ताड़ के पत्ते, प्लास्टिक की चादर, चौकी, आलमारी और चारपाईयों जैसे नायाब सामानों से बनाये गये थे। कुछ लोग जो चैकी या चारपाई आदि उठा कर ले आ पाये थे उनके मकान दो या तीन मंजिल के भी बने क्योंकि इनके नीचे और ऊपर दोनों जगह रहा जा सकता था। तटबन्धों के ढलानों पर बचे हुये जानवर बाँधे गये। तटबन्ध के शीर्ष पर लगभग 15 फुट की चौड़ाई में बस्तियाँ बसीं और ढलानों का प्रयोग जानवरों के रहने के स्थान, बच्चों के खेलने की जगह और शौचादि के लिये हुआ। शुरू में तटबन्धों पर आश्रय लेने वाले साढ़े चार लाख लोगों में से लगभग एक लाख से अधिक लोगों ने प्रायः छः महीने इसी प्रकार का जीवन यापन किया। जिस तरह से बाढ़ का पानी फैला था उसके अनुसार मरने वालों की तादाद बहुत ज्यादा होनी चाहिये थी पर लोगों द्वारा दुर्घटना की आंशिक मुकाबले की तैयारी कर लेने के कारण सहरसा जिले में मरने वालों की कुल अधिकारिक संख्या केवल 35 थी वहीं गैर सरकारी सूत्र इसे केवल 200 से ऊपर मानते थे।

?उस समय सरकारी सहयोग।

सरकार की तरफ से भोजन (गेहूँ) की व्यवस्था हुई और 2.5 कि॰ग्रा॰ प्रति वयस्क प्रति सप्ताह की दर से यह सामग्री बाँटी गई जो कि कभी भी नियमित रूप से नहीं मिली। 9 साल से कम के बच्चों के लिए गेहूँ की

मात्रा वयस्क मात्रा की आधी थी। तटबन्धों के ढलानों पर पीने के पानी के लिए कहीं-कहीं चापाकल भी गाड़े गये। जो कुछ खुली जगह उपलब्ध थी वह तटबन्धों के ढलान पर थी, धीरे-धीरे यह जगह गन्दी होनी शुरू हुई और कुछ ही दिनों में नर्कप्राय हो गई। खाद्य सामग्री की व्यवस्था तो थोड़ा बहुत अवश्य हुई पर ईंधन का अभाव अपने आप में एक समस्या थी। कुछ दिनों तक, और केवल कुछ साहसी लोगों के लिए, नदी में घरों के बहते हुये पुराने छप्पर ही काम आये पर ईंधन का मुख्य स्रोत बना करमी, जो कि एक प्रकार की पानी में बढ़ने वाली लता है। इसके पत्तों का साग बना कर लोग खाते थे और इसका डंठल सुखा कर ईंधन के काम में लाते थे। साधारण वर्षों में इस जलीय घास को कोई नहीं पूछता। इसी प्रकार जानवरों के चारे का भी घोर अभाव था और जानवर जलकुम्भी खाने को बाध्य थे जिसकी तरफ साधारणतः वे देखते भी नहीं। अखाद्य खाने से मनुष्यों में बीमारी फैलने के साथ-साथ जानवर भी बीमार पड़े और अधिकांश जानवर तो चारे के अभाव में मारे गये। पीने के पानी की किल्लत और औषधियों का अभाव तो हमेशा ही बना रहा।

?महिलाओं और बच्चों पर इसका असर

तटबंध टूटने के बाद सबसे अधिक असुविधा महिलाओं तथा बच्चों को उठानी पड़ी। बच्चों को घूमने-फिरने, खेलने-कूदने की जगह का सर्वथा अभाव था और उनके प्रति थोड़ी सी भी लापरवाही जानलेवा हो सकती थी क्योंकि चारों ओर पानी ही पानी था। महिलाओं के लिए स्नानादि नित्य क्रियाओं के लिए कोई ऐसी जगह नहीं थी जहाँ लोगों की नज़रें उन तक न पहुँचती हों। यहाँ तक कि शौच के लिए उन्हें नावों में बैठकर जाना पड़ता था और इसका निष्पादन भी पानी में ही करना पड़ता था क्योंकि तटबन्धों के अतिरिक्त खुली जमीन कहीं थी ही नहीं। बच्चे पैदा होने की स्थिति में तो कठिनाइयों का सहज ही अन्दाजा लगाया जा सकता है। जाड़े की रातों में हालत और बदतर हो गई क्योंकि चारों ओर पानी जमा रहने से ठण्ड भी अधिक पड़ी, ओढ़ने-बिछाने की कोई व्यवस्था तो थी नहीं, तापने के लिये भी कुछ उपलब्ध नहीं था। जाड़े के मौसम में तटबन्धों पर रात में अच्छी रौनक रहा करती थी क्योंकि लोग ठण्ड के मारे सो नहीं पाते थे। कुछ खुशनसीबों को खैरात में कम्बल अवश्य मिल

गये थे।

इस क्षेत्र में अधिकांश पुल लकड़ी के थे जो कि प्रायः सभी टूट या बह गये थे। तथाकथित ''विकसित'' संचार व्यवस्था पूरी तरह से छिन्न-भिन्न हो गई। वास्तविकता यह थी कि पूर्वी तटबन्ध के 75वें किलोमीटर के बाद इस तटबन्ध का कोई मतलब ही नहीं बचा था। मानसी से सहरसा तक की रेल लाइन कोपड़िया और सिमरी बख्तियारपुर के बीच बह गई थी और मरम्मत के बाद दिसम्बर में चालू की जा सकी।

यहां के लोगों का मुख्य पेशा खेती हैं। जो कि पूरी तरह से बर्बाद हो चुकी थी और चारों तरफ पानी भरा होने के कारण रबी की बुआई की सम्भावना भी बाकी नहीं बची थी। थोड़े से खाते-पीते और सामर्थ्यवान परिवार तो दोस्तों और रिश्तेदारों की मेहरबानी से सलामत बच गये पर अधिकांश छोटे किसानों और खेतिहर मजदूरों को रोटी के लाले पड़ गये क्योंकि अगली खरीफ की फसल के पहले उनके रोजगार पाने के कोई आसार नहीं थे लिहाजा यह लोग नेपाल, दिल्ली, पंजाब, हरयाणा अथवा कोलकाता पलायन कर गये। वैसे श्रमिकों का पलायन इस क्षेत्र के लिए कोई नई बात नहीं है पर इस वर्ष यह समय से कुछ जल्दी और बड़े पैमाने पर हुआ।

25 वर्ष बाद मन्दिर

सन 1996 में 79.5 स्पर के निकट पूर्वी कोसी तटबंध पर देवनवन मन्दिर के निर्माण के बाद से अब तक किसी भी तरह की कोई विकासात्मक कार्य नहीं किया गया है।

स्थानीय युवाओं और समाजसेवियों द्वारा कई बार यहां के सांसद रहे पप्पू यादव, दिनेश चंद्र यादव, विधायक गूँजेश्वर साह, अब्दुल गफ़ूर,को लिखित आवेदन देकर धरोहर को बचाने और इसका स्तरीकरण कराने की मांग किया गया लेकिन इस दिशा में आज तक किसी भी जनप्रतिनिधि पदाधिकारी का कोई ध्यान नहीं गया जिस कारण 25 वर्ष पहले निर्माण हुए मंदिर जस का तस पड़ा हुआ है। इस मंदिर के तरफ से कोसी नदी का रूख साफ साफ दिखाई दे रहा है। समय रहते इस और ध्यान नहीं दिया गया तो लोगों को आशंका है कि पुराने मंदिर की तरह देवनवन मन्दिर भी कोसी नदी के पेट में समा सकती है। और इसका दोषी यहां के बुद्धिजीवी, जनप्रतिनिधि और पदाधिकारी को माना जाएगा।

प्रमुख मेला

वैसे तो प्रत्येक रविवार भगवान शिव की पूजा के लिए भक्तों का तांता लगा रहता हैं। इसके अलावे भव्य रूप से मकर संक्रांति, शिवरात्रि, श्रावण मास में पूरे एक माह भक्त शिव भक्ति में डूबे रहते हैं। इनके अलावे प्रमुख त्योहारों में शिव भक्तों की भीड़ देखने को मिलती है। प्रत्येक श्रावण मास के मौके पर यहाँ के हजारों शिवभक्त मुंगेर गंगा घाट से जल भर कर देवनवन शिवधाम में अर्पित करते हैं।

पुजारी का कार्यकाल

सन 1927 ई में महिषी प्रखण्ड के कन्दाहा गांव में जन्में पण्डित शिवाजी झा अपने 90 वर्ष के भगवान की सेवा के बाद 95 की उम्र में 18 फरवरी 2022 को परलोक सिधार गए। वे अपने पिता के साथ 5 वर्ष की उम्र से हैं भगवान शिव की सेवा में लीन थे। कहा जाता है एक समय ऐसा भी था जब उसे साक्षात भगवान शिव से वार्तालाप होता था।

उनके बाद उनका उत्तराधिकारी उनके द्विवतीय पुत्र नारायण झा बने जो किसी भी परिस्थिति में भगवान की पूजा पाठ करते आ रहे हैं।

शिव की महिमा

'शिव महापुराण' के अनुसार शिव ही ब्रह्मा हैं। वह बिना वस्त्र के होते हुए भी भक्तों को अपार संपत्ति देने वाले हैं। शमशान भूमि में निवास करते हुए भी तीनों लोकों के स्वामी हैं। योगीराज होते हुए भी अर्धनारीश्वर हैं। पार्वती से विवाहित होते हुए भी मदनजित हैं। छिपे हुए भी प्रकट हैं। अतुल रत्नों के स्वामी होते हुए भी भभूत लगाते हैं। वे इस संसार के संचालक हैं। वे ही भगवान शिव हैं। भगवान शिव तीनों लोकों से परे, निराकार, सब कुछ जानने वाले, तीनों गुणों के स्वामी तथा साक्षात ब्रम्हा हैं।

शिव सबकी उत्पत्ति का कारण होते हुए भी खुद अजन्मा हैं, स्तुति के योग्य हैं, प्रजाओं के पालक हैं, देवताओं के भी देवता और सम्पूर्ण जगत के पूजनीय हैं।

राजा सालवाहन एक संक्षिप्त परिचय।

शालिवाहन भारत के एक अनुश्रुत राजा थे। राजा शालिवाहन के पिता जी को उनके ही सामंतों ने धोका दिया जिस कारण उनका राजपाठ समाप्त हो गया । और उनकी जान पर बन आई उन्होंने जंगल में एक कुम्हार के घर शरण पाकर अपनी जान बचाई। राजा शालीवाहन का पालन पोषण बचपन में कुम्हार के घर ही हुआ था पर वे कुम्हार नहीं थे ।उन्हें देवताओं द्वारा वरदान था कि वे किसी भी मूर्ति को जीवित कर सकते थे ।जब युवा अवस्था। में उन्हें अपने राजपाठ का बोध हुआ तो उन्होंने उसे पुनः प्राप्त करने में लग गए ।उन्होंने मिट्टी के सैनिक , हांथी, घोड़े , तीरंदाज, आदि की विशाल सेना बनाई और उसे छिपा दिया । इन्द्र देव ने उनकी सेना को नस्ट करने का प्रयास किया। परन्तु उन्हें पूर्ण सफलता नहीं मिली । जब युद्ध का समय आया तो राजा शालीवाहन ने मिट्टी की सेना पर पानी के छींटें डालकर उसे जिंदा कर लिया । अब सेना इतनी विशाल थी कि कोई भी उसे परास्त नहीं कर सका और राजा शालीवाहन का साम्राज्य हिन्दू राजा के रूप में विस्तार हो गया राजा शालीवाहन कुम्हार के घर पले मात्र थे पर वे कुम्हार नहीं थे ।उनका वंश वर्दिया के नाम से वर्तमान में जाना जाता है वर्दिया विशुद्ध रूप कुम्हार है क्योंकी उनका पालन पोषण कुम्हार से हुआ । परन्तु वास्तविक रूप से वे क्षत्रिय है पर उनके द्वारा क्षत्रिय शब्द का उपयोग कम या ना के बराबर होता है वर्दिया कुम्हार का कुमावत जाति से कोई संबंध नहीं है एवम् वर्दिया कुम्हार जाति में समलित अवश्य है परन्तु वे विशुद्ध कुम्हार है राजा शालीवाहन को वरदान प्राप्त होने के कारण उनकी संतान वर्तमान में वर्दिया कहलाती है राजा शालीवाहन के नाम से सक संवत् कि शुरुवात हुए थी ।राजा शालीवाहन के वंश अन्य नामों से भी जाने जाते हैं।